Hans-Jürgen Gaudeck

Johann Wolfgang von Goethe
Es dringen Blüten aus jedem Zweig

Johann Wolfgang von Goethe

Es dringen Blüten aus jedem Zweig

Mit Aquarellen von
Hans-Jürgen Gaudeck

steffen verlag

Frühzeitiger Frühling

Tage der Wonne,
Kommt ihr so bald?
Schenkt mir die Sonne
Hügel und Wald?

Reichlicher fließen
Bächlein zumal.
Sind es die Wiesen?
Ist es das Tal?

Blauliche Frische!
Himmel und Höh'!
Goldene Fische
Wimmeln im See.

Buntes Gefieder
Rauschet im Hain;
Himmlische Lieder
Schallen darein.

Unter des Grünen
Blühender Kraft
Naschen die Bienen
Summend am Saft.

Leise Bewegung
Bebt in der Luft,
Reizende Regung,
Schläfernder Duft.

Mächtiger rühret
Bald sich ein Hauch,
Doch er verlieret
Gleich sich im Strauch.

Aber zum Busen
Kehrt er zurück.
Helfet, ihr Musen,
Tragen das Glück!

Saget, seit gestern
Wie mir geschah?
Liebliche Schwestern,
Liebchen ist da!

Glückliche Fahrt

Die Nebel zerreißen,
Der Himmel ist helle,
Und Äolus löset
Das ängstliche Band.
Es säuseln die Winde,
Es rührt sich der Schiffer.
Geschwinde! Geschwinde!
Es teilt sich die Welle,
Es naht sich die Ferne;
Schon seh' ich das Land!

Heidenröslein

Sah ein Knab' ein Röslein stehn,
Röslein auf der Heiden,
War so jung und morgenschön,
Lief er schnell es nah zu sehn,
Sah's mit vielen Freuden.
Röslein, Röslein, Röslein rot,
Röslein auf der Heiden.

Knabe sprach: ich breche dich,
Röslein auf der Heiden!
Röslein sprach: ich steche dich,
Daß du ewig denkst an mich,
Und ich will's nicht leiden.
Röslein, Röslein, Röslein rot,
Röslein auf der Heiden.

Und der wilde Knabe brach
Röslein auf der Heiden;
Röslein wehrte sich und stach,
Half ihr doch kein Weh und Ach,
Mußte es eben leiden.
Röslein, Röslein, Röslein rot,
Röslein auf der Heiden.

Immer und überall

Dringe tief zu Berges Grüften,
Wolken folge hoch zu Lüften;
Muse ruft zu Bach und Tale
Tausend, aber tausend Male.

Sobald ein frisches Kelchlein blüht,
Es fordert neue Lieder;
Und wenn die Zeit verrauschend flieht,
Jahrszeiten kommen wieder.

März

Es ist ein Schnee gefallen,
Denn es ist noch nicht Zeit,
Daß von den Blümlein allen,
Daß von den Blümlein allen
Wir werden hocherfreut.

Der Sonnenblick betrüget
Mit mildem falschen Schein,
Die Schwalbe selber lüget,
Die Schwalbe selber lüget,
Warum? Sie kommt allein!

Sollt' ich mich einzeln freuen,
Wenn auch der Frühling nah?
Doch kommen wir zu zweien,
Doch kommen wir zu zweien,
Gleich ist der Sommer da.

Der Musensohn

Durch Feld und Wald zu schweifen,
Mein Liedchen wegzupfeifen,
So geht's von Ort zu Ort!
Und nach dem Takte reget,
Und nach dem Maß beweget
Sich alles an mir fort.

Ich kann sie kaum erwarten,
Die erste Blum' im Garten,
Die erste Blüt' am Baum.
Sie grüßen meine Lieder,
Und kommt der Winter wieder,
Sing ich noch jenen Traum.

Ich sing' ihn in der Weite,
Auf Eises Läng und Breite,
Da blüht der Winter schön!
Auch diese Blüte schwindet
Und neue Freude findet
Sich auf bebauten Höh'n.

Denn wie ich bei der Linde
Das junge Völkchen finde,
Sogleich erreg' ich sie.
Der stumpfe Bursche bläht sich,
Das steife Mädchen dreht sich
Nach meiner Melodie.

Ihr gebt den Sohlen Flüge!
Und treibt durch Tal und Hügel
Den Liebling weit von Haus.
Ihr lieben, holden Musen,
Wann ruh' ich ihr am Busen
Auch endlich wieder aus?

Ein Gleichnis

Jüngst pflückt' ich einen Wiesenstrauß,
Trug ihn gedankenvoll nach Haus;
Da hatten, von der warmen Hand,
Die Kronen sich alle zur Erde gewandt.
Ich setzte sie in frisches Glas,
Und welch ein Wunder war mir Das!
Die Köpfchen hoben sich empor,
Die Blätterstengel im grünen Flor,
Und allzusammen so gesund,
Als ständen sie noch auf Muttergrund.

So war mir's, als ich wundersam
Mein Lied in fremder Sprache vernahm.

Gefunden

Ich ging im Walde
So für mich hin,
Und nichts zu suchen,
Das war mein Sinn.

Im Schatten sah ich
Ein Blümchen stehn,
Wie Sterne leuchtend,
Wie Äuglein schön.

Ich wollt es brechen,
Da sagt' es fein:
»Soll ich zum Welken
Gebrochen sein?«

Ich grub's mit allen
Den Würzlein aus,
Zum Garten trug ich's
Am hübschen Haus.

Und pflanzt es wieder
Am stillen Ort;
Nun zweigt es immer
Und blüht so fort.

Mai

Leichte Silberwolken schweben
Durch die erst erwärmten Lüfte,
Mild, von Schimmer sanft umgeben,
Blickt die Sonne durch die Düfte.
Leise wallt und drängt die Welle
Sich am reichen Ufer hin,
Und wie reingewaschen helle,
Schwankend hin und her und hin,
Spiegelt sich das junge Grün.

Still ist Luft und Lüftchen stille;
Was bewegt mir das Gezweige?
Schwüle Liebe dieser Fülle,
Von den Bäumen durchs Gesträuche.
Nun der Blick auf einmal helle,
Sieh! der Bübchen Flatterschar,
Das bewegt und regt so schnelle,
Wie der Morgen sie gebar,
Flügelhaft sich Paar und Paar.

Fangen an, das Dach zu flechten –
Wer bedürfte dieser Hütte? –
Und wie Zimmrer, die gerechten,
Bank und Tischchen in der Mitte!
Und so bin ich noch verwundert,
Sonne sinkt, ich fühl es kaum;
Und nun führen aber hundert
Mir das Liebchen in den Raum,
Tag und Abend, welch ein Traum!

Meeresstille

Tiefe Stille herrscht im Wasser,
Ohne Regung ruht das Meer,
Und bekümmert sieht der Schiffer
Glatte Fläche ringsumher.
Keine Luft von keiner Seite!
Todesstille fürchterlich!
In der ungeheuern Weite
Reget keine Welle sich.

Die Freuden

Da flattert um die Quelle
Die wechselnde Libelle,
Der Wasserpapillon,
Bald dunkel und bald helle,
Wie ein Chamäleon;
Bald rot und blau, bald blau und grün.
O daß ich in der Nähe
Doch seine Farben sähe!

Da fliegt der Kleine vor mir hin
Und setzt sich auf die stillen Weiden.
Da hab ich ihn!
Und nun betracht ich ihn genau,
Und seh ein traurig dunkles Blau.

So geht es dir, Zergliedrer deiner Freuden!

Ein Gleiches

Über allen Gipfeln
Ist Ruh,
In allen Wipfeln
Spürest du
Kaum einen Hauch;
Die Vögelein schweigen im Walde.
Warte nur, balde
Ruhest du auch.

Gesang der Geister über den Wassern

Des Menschen Seele
Gleicht dem Wasser:
Vom Himmel kommt es,
Zum Himmel steigt es,
Und wieder nieder
Zur Erde muß es,
Ewig wechselnd.

Strömt von der hohen,
Steilen Felswand
Der reine Strahl,
Dann stäubt er lieblich
In Wolkenwellen
Zum glatten Fels,
Und leicht empfangen
Wallt er verschleiernd,
Leis rauschend
Zur Tiefe nieder.

Ragen Klippen
Dem Sturz entgegen,
Schäumt er unmutig
Stufenweise

Zum Abgrund.
Im flachen Bette
Schleicht er das Wiesental hin,
Und in dem glatten See
Weiden ihr Antlitz
Alle Gestirne.

Wind ist der Welle
Lieblicher Buhler;
Wind mischt vom Grund aus
Schäumende Wogen.

Seele des Menschen,
Wie gleichst du dem Wasser!
Schicksal des Menschen,
Wie gleichst du dem Wind!

Früh, wenn Tal, Gebirg und Garten

Früh, wenn Tal, Gebirg und Garten
Nebelschleiern sich enthüllen,
Und dem sehnlichsten Erwarten
Blumenkelche bunt sich füllen;

Wenn der Äther, Wolken tragend,
Mit dem klaren Tage streitet,
Und ein Ostwind, sie verjagend,
Blaue Sonnenbahn bereitet;

Dankst du dann, am Blick dich weidend,
Reiner Brust der Großen, Holden,
Wird die Sonne, rötlich scheidend,
Rings den Horizont vergolden.

Die Elfen sangen:

Um Mitternacht, wenn die Menschen erst schlafen,
Dann scheinet uns der Mond,
Dann leuchtet uns der Stern;
Wir wandlen und singen
Und tanzen erst gern.

Um Mitternacht, wenn die Menschen erst schlafen,
Auf Wiesen an den Erlen
Wir suchen unsern Raum
Und wandlen und singen
Und tanzen einen Traum.

Blumengruß

Der Strauß, den ich gepflücket,
Grüße dich vieltausendmal!
Ich habe mich oft gebücket,
Ach, wohl eintausendmal,
Und ihn ans Herz gedrücket
Wie hunderttausendmal!

Der Fischer

Das Wasser rauscht', das Wasser schwoll,
Ein Fischer saß daran,
Sah nach dem Angel ruhevoll,
Kühl bis ans Herz hinan.
Und wie er sitzt und wie er lauscht,
Teilt sich die Flut empor:
Aus dem bewegten Wasser rauscht
Ein feuchtes Weib hervor.

Sie sang zu ihm, sie sprach zu ihm:
»Was lockst du meine Brut
Mit Menschenwitz und Menschenlist
Hinauf in Todesglut?
Ach wüßtest du, wie's Fischlein ist
So wohlig auf dem Grund,
Du stiegst herunter, wie du bist,
Und würdest erst gesund.

Labt sich die liebe Sonne nicht,
Der Mond sich nicht im Meer?
Kehrt wellenatmend ihr Gesicht
Nicht doppelt schöner her?
Lockt dich der tiefe Himmel nicht.
Das feuchtverklärte Blau?
Lockt dich dein eigen Angesicht
Nicht her in ew'gen Tau?«

Das Wasser rauscht', das Wasser schwoll,
Netzt' ihm den nackten Fuß;
Sein Herz wuchs ihm so sehnsuchtsvoll
Wie bei der Liebsten Gruß.
Sie sprach zu ihm, sie sang zu ihm;
Da war's um ihn geschehn:
Halb zog sie ihn, halb sank er hin
Und ward nicht mehr gesehn.

Auf dem See

Und frische Nahrung, neues Blut
Saug' ich aus freier Welt;
Wie ist Natur so hold und gut,
Die mich am Busen hält!
Die Welle wieget unsern Kahn
Im Rudertakt hinauf,
Und Berge, wolkig himmelan,
Begegnen unserm Lauf.

Aug', mein Aug', was sinkst du nieder?
Goldne Träume kommt ihr wieder?
Weg, du Traum! so Gold du bist;
Hier auch Lieb' und Leben ist.

Auf der Welle blinken
Tausend schwebende Sterne,
Weiche Nebel trinken
Rings die türmende Ferne;
Morgenwind umflügelt
Die beschattete Bucht,
Und im See bespiegelt
Sich die reifende Frucht.

Herbstgefühl

Fetter grüne, du Laub,
Am Rebengeländer
Hier mein Fenster herauf!
Gedrängter quellet,
Zwillingsbeeren, und reifet
Schneller und glänzet voller!
Euch brütet der Mutter Sonne
Scheideblick, euch umsäuselt
Des holden Himmels
Fruchtende Fülle;
Euch kühlet des Mondes
Freundlicher Zauberhauch,
Und euch betauen, ach!
Aus diesen Augen
Der ewig belebenden Liebe
Vorschwellende Tränen.

Zum Divan

Wer sich selbst und andre kennt,
Wird auch hier erkennen:
Orient und Okzident
Sind nicht mehr zu trennen.

Sinnig zwischen beiden Welten
Sich zu wiegen lass' ich gelten;
Also zwischen Ost und Westen
Sich bewegen, sei's zum Besten!

An den Mond

Füllest wieder Busch und Thal
Still mit Nebelglanz,
Lösest endlich auch einmal
Meine Seele ganz;

Breitest über mein Gefild
Lindernd deinen Blick,
Wie des Freundes Auge mild
Über mein Geschick.

Jeden Nachklang fühlt mein Herz
Froh und trüber Zeit,
Wandle zwischen Freud' und Schmerz
In der Einsamkeit.

Fließe, fließe, lieber Fluß!
Nimmer werd' ich froh;
So verrauschte Scherz und Kuß
Und die Treue so.

Ich besaß es doch einmal,
Was so köstlich ist!
Daß man doch zu seiner Qual
Nimmer es vergißt!

Rausche, Fluß, das Tal entlang,
Ohne Rast und Ruh,
Rausche, flüstre meinem Sang
Melodien zu!

Wenn du in der Winternacht
Wütend überschwillst
Oder um die Frühlingspracht
Junger Knospen quillst.

Selig, wer sich vor der Welt
Ohne Haß verschließt,
Einen Freund am Busen hält
Und mit dem genießt,

Was, von Menschen nicht gewußt
Oder nicht bedacht,
Durch das Labyrinth der Brust
Wandelt in der Nacht.

Gegenwart

Alles kündet dich an!
Erscheinet die herrliche Sonne,
Folgst du, so hoff ich es, bald.

Trittst du im Garten hervor,
So bist du die Rose der Rosen,
Lilie der Lilien zugleich.

Wenn du im Tanze dich regst,
So regen sich alle Gestirne
Mit dir und um dich umher.

Nacht! und so wär es denn Nacht!
Nun überscheinst du des Mondes
Lieblichen, ladenden Glanz.

Ladend und lieblich bist du,
Und Blumen, Mond und Gestirne
Huldigen, Sonne, nur dir.

Sonne! so sei du auch mir
Die Schöpferin herrlicher Tage;
Leben und Ewigkeit ist's.

Nähe des Geliebten

Ich denke dein, wenn mir der Sonne Schimmer
Vom Meere strahlt;
Ich denke dein, wenn sich des Mondes Flimmer
In Quellen malt.

Ich sehe dich, wenn auf dem fernen Wege
Der Staub sich hebt;
In tiefer Nacht, wenn auf dem schmalen Stege
Der Wandrer bebt.

Ich höre dich, wenn dort mit dumpfem Rauschen
Die Welle steigt.
Im stillen Haine geh ich oft zu lauschen,
Wenn alles schweigt.

Ich bin bei dir, du seist auch noch so ferne,
Du bist mir nah!
Die Sonne sinkt, bald leuchten mir die Sterne
O wärst du da!

Wolkenbildung

Stratus

Wenn von dem stillen Wasserspiegel-Plan
Ein Nebel hebt den flachen Teppich an,
Der Mond, dem Wallen des Erscheins vereint,
Als ein Gespenst Gespenster bildend scheint,
Dann sind wir alle, das gestehn wir nur,
Erquickt', erfreute Kinder, o Natur!
Dann hebt sichs wohl am Berge, sammelnd breit,
An Streife Streifen, so umdüsterts weit
Die Mittelhöhe, beidem gleich geneigt,
Obs fallend wässert oder luftig steigt.

Cumulus

Und wenn darauf zu höhrer Atmosphäre
Der tüchtige Gehalt berufen wäre,
Steht Wolke hoch, zum herrlichsten geballt,
Verkündet, festgebildet, Machtgewalt,
Und, was ihr fürchtet und auch wohl erlebt,
Wie's oben drohet, so es unten bebt.

Cirrus

Doch immer höher steigt der edle Drang!
Erlösung ist ein himmlisch leichter Zwang.
Ein Aufgehäuftes, flockig löst sichs auf,
Wie Schäflein tripplend, leicht gekämmt zuhauf.
So fließt zuletzt, was unten leicht entstand,
Dem Vater oben still in Schoß und Hand.

Nimbus

Nun laßt auch niederwärts, durch Erdgewalt
Herabgezogen, was sich hoch geballt,
In Donnerwettern wütend sich ergehn,
Heerscharen gleich entrollen und verwehn! –
Der Erde tätig leidendes Geschick!
Doch mit dem Bilde hebet euren Blick. –
Die Rede geht herab, denn sie beschreibt;
Der Geist will aufwärts, wo er ewig bleibt.

Im gegenwärtigen Vergangnes

Ros' und Lilie morgentaulich
Blüht im Garten meiner Nähe;
Hinten an, bebuscht und traulich,
Steigt der Felsen in die Höhe;
Und mit hohem Wald umzogen
Und mit Ritterschloß gekrönet,
Lenkt sich hin des Gipfels Bogen,
Bis er sich dem Tal versöhnet.

Und da duftet's wie vor alters,
Da wir noch von Liebe litten
Und die Saiten meines Psalters
Mit dem Morgenstrahl sich stritten;
Wo das Jagdlied aus den Büschen
Fülle runden Tons enthauchte,
Anzufeuern, zu erfrischen,
Wie's der Busen wollt und brauchte.

Nun die Wälder ewig sprossen,
So ermutigt euch mit diesen,
Was ihr sonst für euch genossen.
Läßt in andern sich genießen.
Niemand wird uns dann beschreien,
Daß wir's uns alleine gönnen;
Nun in allen Lebensreihen
Müsset ihr genießen können.

Und mit diesem Lied und Wendung
Sind wir wieder bei Hafisen,
Denn es ziemt, des Tags Vollendung
Mit Genießern zu genießen.

An den Schlaf

Der du mit deinem Mohne
Selbst Götteraugen zwingst
Und Bettler oft zum Throne,
Zum Mädchen Schäfer bringst,
Vernimm: Kein Traumgespinste
Verlang ich heut von dir.
Den größten deiner Dienste,
Geliebter, leiste mir.

An meines Mädchens Seite
Sitz ich, ihr Aug spricht Lust,
Und unter neid'scher Seide
Steigt fühlbar ihre Brust;
Oft hatte meinen Küssen
Sie Amor zugebracht,
Dies Glück muß ich vermissen,
Die strenge Mutter wacht.

Am Abend triffst du wieder
Mich dort, o tritt herein,
Sprüh Mohn von dem Gefieder,
Da schlaf die Mutter ein:
Bei blassem Lichterscheinen,
Von Lieb Annette warm
Sink, wie Mama in deinen,
In meinen gier'gen Arm.

Regen und Regenbogen

Auf schweres Gewitter und Regenguß
Blickt' ein Philister, zum Beschluß,
Ins weiterziehende Grause nach,
Und so zu seinesgleichen sprach:
»Der Donner hat uns sehr erschreckt,
Der Blitz die Scheunen angesteckt,
Und das war unsrer Sünden Teil!
Dagegen hat zu frischem Heil
Der Regen fruchtbar uns erquickt
Und für den nächsten Herbst beglückt.
Was kommt nun aber der Regenbogen
An grauer Wand herangezogen?
Der mag wohl zu entbehren sein,
Der bunte Trug! der leere Schein!«

Frau Iris aber dagegen sprach:
»Erkühnst du dich zu meiner Schmach?
Doch bin ich hier ins All gestellt
Als Zeugnis einer bessern Welt,
Für Augen, die vom Erdenlauf
Getrost sich wenden zum Himmel auf
Und in der Dünste trübem Netz
Erkennen Gott und sein Gesetz.
Drum wühle du, ein andres Schwein,
Nur immer den Rüssel in den Boden hinein,
Und gönne dem verklärten Blick
An meiner Herrlichkeit sein Glück.«

Mit einem gemalten Band

Kleine Blumen, kleine Blätter
Streuen mir mit leichter Hand
Gute junge Frühlingsgötter
Tändelnd auf ein luftig Band.

Zephir, nimms auf deine Flügel,
Schlings um meiner Liebsten Kleid;
Und so tritt sie vor den Spiegel
All in ihrer Munterkeit.

Sieht mit Rosen sich umgeben,
Selbst wie eine Rose jung.
Einen Blick, geliebtes Leben!
Und ich bin belohnt genung.

Fühle, was dies Herz empfindet,
Reiche frei mir deine Hand,
Und das Band, das uns verbindet,
Sei kein schwaches Rosenband!

Beherzigung

Ach, was soll der Mensch verlangen?
Ist es besser, ruhig bleiben?
Klammernd fest sich anzuhangen?
Ist es besser, sich zu treiben?

Soll er sich ein Häuschen bauen?
Soll er unter Zelten leben?
Soll er auf die Felsen trauen?
Selbst die festen Felsen beben.

Eines schickt sich nicht für alle.
Sehe jeder, wie er's treibe,
Sehe jeder, wo er bleibe,
Und wer steht, daß er nicht falle!

Nachgefühl

Wenn die Reben wieder blühen,
Rühret sich der Wein im Fasse;
Wenn die Rosen wieder glühen,
Weiß ich nicht, wie mir geschieht.

Tränen rinnen von den Wangen,
Was ich tue, was ich lasse;
Nur ein unbestimmt Verlangen
Fühl' ich, das die Brust durchglüht.

Und zuletzt muß ich mir sagen,
Wenn ich mich bedenk' und fasse,
Daß in solchen schönen Tagen
Doris einst für mich geglüht.

Sehnsucht

Was zieht mir das Herz so?
Was zieht mich hinaus?
Und windet und schraubt mich
Aus Zimmer und Haus?
Wie dort sich die Wolken
Um Felsen verziehn!
Da möcht' ich hinüber,
Da möcht' ich wohl hin!

Nun wiegt sich der Raben
Geselliger Flug;
Ich mische mich drunter
Und folge dem Zug.
Und Berg und Gemäuer
Umfittigen wir;
Sie weilet da drunten,
Ich spähe nach ihr.

Da kommt sie und wandelt;
Ich eile so bald,
Ein singender Vogel,
Zum buschigen Wald.
Sie weilet und horchet
Und lächelt mit sich:
»Er singet so lieblich
Und singt es an mich.«

Die scheidende Sonne
Verguldet die Höhn;
Die sinnende Schöne,
Sie läßt es geschehn,
Sie wandelt am Bache
Die Wiesen entlang,
Und finster und finstrer
Umschlingt sich der Gang.

Auf einmal erschein' ich,
Ein blinkender Stern.
»Was glänzet da droben,
So nah und so fern?«
Und hast du mit Staunen
Das Leuchten erblickt:
Ich lieg' dir zu Füßen,
Da bin ich beglückt!

65

Mailied

Wie herrlich leuchtet
Mir die Natur!
Wie glänzt die Sonne!
Wie lacht die Flur!

Es dringen Blüten
Aus jedem Zweig
Und tausend Stimmen
Aus dem Gesträuch,

Und Freud' und Wonne
Aus jeder Brust.
O Erd', o Sonne!
O Glück, o Lust!

O Lieb', o Liebe!
So golden schön,
Wie Morgenwolken
Auf jenen Höhn!

Du segnest herrlich
Das frische Feld,
Im Blütendampfe
Die volle Welt.

O Mädchen, Mädchen,
Wie lieb ich dich!
Wie blickt dein Auge!
Wie liebst du mich!

So liebt die Lerche
Gesang und Luft,
Und Morgenblumen
Den Himmelsduft,

Wie ich dich liebe
Mit warmen Blut,
Die du mir Jugend
Und Freud' und Mut

Zu neuen Liedern
Und Tänzen gibst.
Sei ewig glücklich,
Wie du mich liebst!

Die Nacht

Gern verlass ich diese Hütte,
Meiner Liebsten Aufenthalt,
Wandle mit verhülltem Tritte
Durch den ausgestorb'nen Wald.
Luna bricht die Nacht der Eichen,
Zephyrs melden ihren Lauf,
Und die Birken streu'n mit Neigen
Ihr den süß'ten Weihrauch auf.

Schauer, der das Herze fühlen,
Der die Seele schmelzen macht,
Flüstert durchs Gebüsch im Kühlen.
Welche schöne, süße Nacht!
Freude! Wollust! kaum zu fassen!
Und doch wollt ich, Himmel, dir
Tausend solcher Nächte lassen,
Gäb mein Mädchen eine mir.

Der Zufriedne

Vielfach ist der Menschen Streben,
Ihre Unruh, ihr Verdruß;
Auch ist manches Gut gegeben,
Mancher liebliche Genuß;
Doch das größte Glück im Leben
Und der reichlichste Gewinn
Ist ein guter leichter Sinn.

Sag ich's euch, geliebte Bäume

Sag ich's euch, geliebte Bäume?
Die ich ahndevoll gepflanzt,
Als die wunderbarsten Träume
Morgenrötlich mich umtanzt.
Ach, ihr wißt es, wie ich liebe,
Die so schön mich wiederliebt,
Die den reinsten meiner Triebe
Mir noch reiner wiedergibt.

Wachset wie aus meinem Herzen,
Treibet in die Luft hinein,
Denn ich grub viel Freud' und Schmerzen
Unter eure Wurzeln ein.
Bringet Schatten, traget Früchte,
Neue Freude jeden Tag;
Nur daß ich sie dichte, dichte,
Dicht bei ihr genießen mag.

Rastlose Liebe

Dem Schnee, dem Regen,
Dem Wind entgegen,
Im Dampf der Klüfte,
Durch Nebeldüfte,
Immer zu! Immer zu!
Ohne Rast und Ruh!

Lieber durch Leiden
Möcht ich mich schlagen,
Als so viel Freuden
Des Lebens ertragen.
Alle das Neigen
Von Herzen zu Herzen,
Ach, wie so eigen
Schaffet das Schmerzen!

Wie – soll ich fliehen?
Wälderwärts ziehen?
Alles vergebens!
Krone des Lebens,
Glück ohne Ruh,
Liebe, bist du!

An Suleika

Dir mit Wohlgeruch zu kosen,
Deine Freuden zu erhöhn,
Knospend müssen tausend Rosen
Erst in Gluten untergehn.

Um ein Fläschchen zu besitzen,
Das den Ruch auf ewig hält,
Schlank wie deine Fingerspitzen,
Da bedarf es einer Welt;

Einer Welt von Lebenstrieben,
Die, in ihrer Fülle Drang,
Ahndeten schon Bulbuls Lieben,
Seeleregenden Gesang.

Sollte jene Qual uns quälen,
Da sie unsre Lust vermehrt?
Hat nicht Myriaden Seelen
Timurs Herrschaft aufgezehrt?

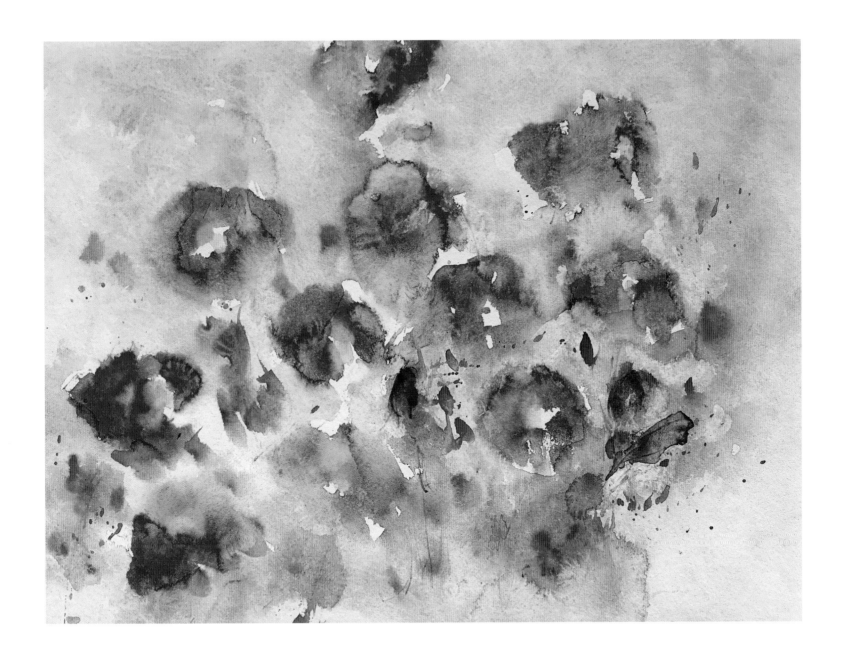

Hauspark

Liebe Mutter, die Gespielen
Sagen mir schon manche Zeit,
Daß ich besser sollte fühlen,
Was Natur im Freien beut.
Bin ich hinter diesen Mauern,
Diesen Hecken, diesem Buchs,
Wollen sie mich nur bedauern
Neben diesem alten Jux.

Solche schroffe grüne Wände
Ließen sie nicht länger stehn;
Kann man doch von einem Ende
Gleich bis an das andre sehn.
Von der Schere fallen Blätter,
Fallen Blüten, welch ein Schmerz!
Asmus, unser lieber Vetter,
Nennt es puren Schneiderscherz.

Stehn die Pappeln doch so prächtig
Um des Nachbars Gartenhaus;
Und bei uns wie niederträchtig
Nehmen sich die Zwiebeln aus!
Wollt ihr nicht den Wunsch erfüllen –
Ich bescheide mich ja wohl!
Heuer nur, um Gottes willen,
Liebe Mutter, keinen Kohl!

Nachwort

Goethe, einer der berühmtesten Dichter Deutschlands, war ein begeisterter Zeichner und Aquarellist. In seinen malerischen Arbeiten, die häufig einen realen Naturbezug aufweisen, schwingen immer wieder poetische Klänge mit, wobei er das Gesehene und Erfühlte in wunderbarer Leichtigkeit mittels Stift und Farben festhielt.

Johann Peter Eckermann, der als Goethes Vertrauter gilt, schrieb 1837, Goethe habe sein Werk »Zur Farbenlehre« seinem poetischen Werk vorgezogen. Und auch den Naturwissenschaften maß der Dichter größte Bedeutung zu.

All dies war für mich ein wesentlicher Grund, mit Goethes Lyrik auf Wanderung zu gehen. Wählte aus seinem lyrischen Werk Naturbetrachtungen aus, die er zahlreich als Metapher nutzte. Auffällig für mich sind seine oft spielerischen erotischen Bezüge, die sich im Nachklang zu einem nicht unwesentlichen Bestandteil des Gedichts entwickeln. Liebe und Natur haben hier eine enge Beziehung. Ein auch für mich wunderbares enges Geflecht, das sich in allen Facetten unseres Lebens widerspiegelt.

Im Gedicht »Das Sonett« fand ich eine seiner wesentlichen Erkenntnisse zu Natur und Kunst:

Natur und Kunst, sie scheinen sich zu fliehen
Und haben sich, eh' man es denkt, gefunden;
Der Widerwille ist auch mir verschwunden,
Und beide scheinen gleich mich anzuziehen.

Wer Großes will, muss sich zusammenraffen;
In der Beschränkung zeigt sich erst der Meister.
Und das Gesetz nur kann uns Freiheit geben.

Nicht weniger finden sich solche auf das Wesentliche bezogene malerischen Bezüge in Goethes Aquarellen. Häufig zeigen seine Aquarelle minimalistische Elemente. Dies fiel mir vor allem in seinem 1787 datierten Bild auf, das die »Stürmische See« zeigt. Mit kräftigen preußischblauen Pinselstrichen, einigen Papierweißauslassungen und schnellen Stiftmarkierungen gab Goethe ein vital-stürmisches Wetter auf dem Meer in Aquarell wieder.

So machte ich mich durch Feld und Wald auf den Weg, ließ mich von der Weite des Meeres verführen und gab mich Goethes naturbezogenen Gedichten hin, meine Poesie in Bilder zu fassen.

Hans-Jürgen Gaudeck

Johann Wolfgang von Goethe

geboren am 28. August 1749 in Frankfurt am Main, absolvierte von 1765–1768 in Leipzig das Studium der Rechte, das er 1770 in Straßburg zum Abschluss brachte. Goethe lernte Johann Gottfried Herder kennen und schätzen. In Frankfurt legte er 1771 als junger Anwalt den Advokateneid ab und richtete sich seine Kanzlei ein.

Goethe begann Anfang der 1770er Jahre die Arbeit am »Urfaust«, schrieb von 1771–1774 an »Götz von Berlichingen«, veröffentlichte 1774 »Die Leiden des jungen Werthers« und wurde zur Symbolfigur des Sturm und Drang.

1774 lud Erbprinz Carl August von Sachsen-Weimar-Eisenach Goethe an den Hof von Weimar ein. 1775 trat Goethe in den dortigen Staatsdienst ein und wurde 1776 vom Herzog in die Landesregierung berufen. Kaiser Joseph II. erhob Goethe 1782 in den Adelsstand.

Im Jahr 1786 reiste Goethe nach Italien, um den Belastungen seiner Ämter und den Zwängen des Hoflebens zu entfliehen. Neben den bildenden Künsten widmete sich Goethe wieder dem Schreiben: »Iphigenie«, »Tasso«, »Faust« und »Egmont«.

1788 kehrte Goethe nach Weimar zurück, wo der Herzog ihn einvernehmlich von den Regierungsgeschäften entband. Goethe blieb im Ministerrat, beaufsichtigte Anstalten der Wissenschaft und Kunst und leitete von 1791–1817 das neue Weimarer Hoftheater. Schiller und Goethe, die sich 1788 erstmal begegnet waren, befreundeten sich 1794 und wurden zum legendären Freundespaar der Weimarer Klassik. 1795 erschien der erste Band von »Wilhelm Meisters Lehrjahre«, 1806 vollendete er »Faust I«. Goethe beschäftigte sich weiterhin mit naturwissenschaftlichen Studien und der Farbenlehre, die er 1810 abschloss. 1812 begegnete er Ludwig van Beethoven. Goethe veröffentlichte 1816 »Italienische Reise« und 1819 »West-östlicher Divan«.

1829 erschien die zweite Fassung der »Wanderjahre« und »Faust I« wurde aufgeführt. Die Arbeit an »Faust II« schloss Goethe 1831 ab.

Johann Wolfgang von Goethe starb am 22. März 1832 in Weimar.

Hans-Jürgen Gaudeck

geboren am 11. Dezember 1941 in Berlin. Nach einer Ausbildung zum Industriekaufmann, studierte er am Hochschul-Institut für Wirtschaftskunde in Berlin und schloss 1966 mit dem Diplom als Betriebswirt ab. Neben seinem Beruf beschäftigte er sich auch intensiv mit der Malerei. Er trat in die Künstlergruppe »Mediterraneum« ein und stellte mit dieser mehrere Jahre in der Freien Berliner Kunstausstellung in Berlin aus. Anschließend folgten zahlreiche Einzelausstellungen.

Einzelausstellungen u.a.: Schloss Sacrow-Potsdam, Schloss Ribbeck, Galerie Alte Schule Ahrenshoop, Haus des Rundfunks Berlin, Kokon-Lenbach-Palais München, Galerie Klosterformat Rostock, Museum Neuruppin, Griechische Kulturstiftung, BuchKunst Usedom, Kulturzentrum Rathenow, Pinakothek Korfu.

Gaudeck unternahm viele Reisen in europäische, asiatische, afrikanische Länder und in die USA.

Bücher – eine Auswahl: Auf Reisen – Wege zum Aquarellieren; Perlen der Ostsee; Eva Strittmatter – Märkischer Juni; Eva Strittmatter – Und Liebe liebt niemals vergebens; Theodor Fontane – Ein weites Land; Von London bis Pompeji mit Theodor Fontane; Rainer Maria Rilke – Oh hoher Baum des Schauns; Masuren – Land der Stille; Norwegen – Faszination Hurtigruten; Hans Fallada – Ich weiß ein Haus am Wasser; Antonio Vivaldi – Die vier Jahreszeiten; Joseph von Eichendorff – Wenn die Bäume lieblich rauschen; Theodor Storm – Wie fließend Silber funkelte das Meer

Seine Werke befinden sich in privaten und öffentlichen Kunstsammlungen, u.a. Rundfunk Berlin Brandenburg und Norddeutscher Rundfunk.

www.gaudeck.com

Sind Sie mit diesem Buch zufrieden? Dann würden wir uns über
Ihre Weiterempfehlung freuen. Erzählen Sie es Ihrem Freundeskreis,
berichten Sie Ihrer Buchhändlerin/Ihrem Buchhändler oder
bewerten Sie den Onlinekauf.

Und wenn Sie Kritik, Korrekturen oder Aktualisierungen haben,
freuen wir uns über Ihre Nachricht.

Unter *https://steffen-verlag.de/newsletter* finden Sie unseren
kostenlosen Newsletter.

Impressum

Die Deutsche Nationalbibliothek verzeichnet diese Publikation
in der Deutschen Nationalbibliografie;
detaillierte bibliografische Daten sind im Internet über
http://dnb.d-nb.de abrufbar.

1. Auflage 2020
© Steffen Verlag GmbH
Berliner Allee 38, 13088 Berlin, Tel. (030) 41 93 50 14
info@steffen-verlag.de, www.steffen-verlag.de

Herstellung: STEFFEN MEDIA | Friedland – Berlin – Usedom
www.steffen-media.de

ISBN 978-3-95799-087-7